Luis Eduardo de Souza

Autor do best-seller *O homem que falava com os espíritos*

365 dias com Chico Xavier

As mais lindas frases para nos inspirar

São Paulo
2015

UNIVERSO DOS LIVROS

Diretor editorial: **Luis Matos**
Editora-chefe: **Marcia Batista**
Assistentes editoriais: **Aline Graça, Letícia Nakamura e Rodolfo Santana**
Revisão: **Âmala Barbosa**
Arte: **Francine C. Silva e Valdinei Gomes**
Capa: **Valdinei Gomes**

Dados Internacionais de Catalogação na Publicação (CIP)
Angélica Ilacqua CRB-8/7057

S714t

Souza, Luis Eduardo de
365 dias com Chico Xavier: as mais lindas frases para nos inspirar / Luis Eduardo de Souza. -- São Paulo : Universo dos Livros, 2015.
64 p.

Bibliografia
ISBN: 978-85-7930-861-1

1. Espiritismo 2. Meditações 3. Xavier, Francisco Cândido, 1910-2002.3. I. Título

15-1067 CDD 133.9

Universo dos Livros Editora Ltda.
Rua do Bosque, 1589 - Bloco 2 - Conj. 603/606
Barra Funda - São Paulo/SP - CEP 01136-001
Telefone/Fax: (11) 3392-3336
www.universodoslivros.com.br
e-mail: editor@universodoslivros.com.br
Siga-nos no Twitter: @univdoslivros

Uma breve apresentação

Francisco Chico Xavier foi o maior médium que já encarnou no planeta. Tendo cursado apenas o primário, psicografou mais de 450 livros e milhares de cartas de entes desencarnados, tendo participado de milhares de trabalhos de psicofonia, fenômenos físicos, entre outros.

Poderia ter ficado rico, mas doou tudo o que ganhou em direitos autorais para instituições de auxílio ao próximo. Viveu, até o seu último dia, com o salário de sua aposentadoria, sem usufruir materialmente dos ganhos obtidos com suas obras, tendo exemplificado até o fim da vida a humildade e a caridade que pregava.

A inspiração para escrever este livro veio a partir da comunidade *Conheça o Espiritismo* (www.facebook.com/ConhecaOEspiritismo) que administro há alguns anos e que tem o objetivo de compartilhar conhecimentos sobre o Espiritismo e especialmente os ensinamentos deixados por Chico Xavier.

Se a vida te desafia...

"Agradeço todas as dificuldades que enfrentei; não fosse por elas, eu não teria saído do lugar... As facilidades nos impedem de caminhar. Mesmo as críticas nos auxiliam muito."

Independente do que tenha, seja humilde

"Partirei desta vida sem um níquel sequer... Tudo que veio a mim, em matéria de dinheiro, simplesmente passou por minhas mãos. Graças a Deus, a minha aposentadoria dá para os meus remédios... Roupas?! Os amigos, quando acham que eu estou mal vestido, me doam... Sapatos, eu custo a gastar um par... Em casa, a nossa comida é simples... Não tenho conta bancária, talão de cheques, nenhuma propriedade em meu nome, a não ser esta casa que eu já passei em cartório para outros, tenho apenas o usufruto... Nunca tive carros, nem mesmo uma carroça... De modo que, neste sentido, nada vai me pesar na consciência. Fiz o que pude pelos meus familiares, e se não fiz mais, é porque mais eu não podia fazer... Nunca contei o dinheiro que trazia no bolso, mesmo aquele que alguns amigos generosos colocavam no meu paletó..."

Independente de quem seja, mantenha-se humilde

"Quanto a mim sou apenas médium e médium muito falho. E os médiuns seguem-se uns aos outros perante o tempo. Não me sinto em tarefa especial que exija um continuador específico. O trabalho que me foi entregue, poderia ter sido entregue a qualquer outro médium. Eu não receio ter necessidade de ter substituto, pois me sinto com uma grama, quando uma desaparece, outra vai surgindo.

Um iluminado? Não, uma tomada entre dois mundos. Porta-voz de Deus? Uma besta encarregada de transportar documento dos espíritos. Apóstolo? Não, Cisco Xavier. Sucessores? Morre um capim, nasce outro."

Cumpra seu dever, independente do que a vida lhe imponha

"Certa vez, um amigo abordou o médium e perguntou-lhe quem seria o homem mais rico. Ele respondeu sem vacilar:

– Para mim, o homem mais rico é o que tem menos necessidades...

No que o amigo redarguiu com outra questão:

– E o homem mais justo e sábio?

– O homem mais justo e sábio é o que cumpre com o seu dever – respondeu Chico.

– Mas o que você está me dizendo é o óbvio – disse o amigo. O médium, inspirado por Emmanuel, respondeu:

– Meu filho, tudo que está no Evangelho é o óbvio. Não existem segredos nem mistérios para a salvação da alma. O nosso problema é justamente este: queremos alcançar o Céu, vivendo fora do óbvio na Terra."

Só a disciplina te leva ao êxito

"No primeiro encontro que teve com o médium, Emmanuel, mentor espiritual de Chico Xavier, trouxe a seguinte lição:

– Está você realmente disposto a trabalhar na mediunidade com Jesus?

– Sim, se os bons espíritos não me abandonarem... – respondeu o médium.

– Não será você desamparado – disse-lhe Emmanuel

– Mas para isso é preciso que você trabalhe, estude e se esforce no bem.

– E o senhor acha que eu estou em condições de aceitar o compromisso? – Tornou Chico.

– Perfeitamente, desde que você procure respeitar os três pontos básicos para o serviço...

Porque o protetor se calasse o rapaz perguntou:

– Qual é o primeiro?

A resposta veio firme:

– Disciplina.

– E o segundo?

– Disciplina.

– E o terceiro?

– Disciplina."

Errar é humano...

"Lembro-me de que em um dos primeiros contatos comigo, ele me preveniu que pretendia trabalhar ao meu lado, por tempo longo, mas que eu deveria, acima de tudo, procurar os ensinamentos de Jesus e as lições de Allan Kardec e, disse mais, que, se um dia, ele, Emmanuel, algo me aconselhasse que não estivesse de acordo com as palavras de Jesus e de Kardec, que eu devia permanecer com Jesus e Kardec, procurando esquecê-lo."

Seja disciplinado, acima de tudo

"Sem obediência, sem disciplina, eu não acredito em progresso algum, porque toda a natureza é uma lição de disciplina. O sol não abandona seu posto pedindo férias, as árvores não reclamam da dilapidação de que são vítimas, os rios não protestam contra a poluição."

Fora da caridade, não há salvação

"A caridade é um exercício espiritual. Quem pratica o bem coloca em movimento as forças da alma. Quando os espíritos nos recomendam, com insistência a prática da caridade, eles estão nos orientando no sentido de nossa própria evolução; não se trata apenas de uma indicação ética, mas de profundo significado filosófico."

Cuidado com as palavras que profere

"Sempre que chamados à crítica, respeitemos o esforço nobre dos semelhantes. Para construir, são necessários amor e trabalho, estudo e competência, compreensão e serenidade, disciplina e devotamento.

Para destruir, porém, basta, às vezes, uma só palavra."

Todo dia uma nova oportunidade

"Embora ninguém possa voltar atrás para fazer um novo começo, qualquer um pode começar agora a fazer um novo fim."

Ninguém recebe o fardo maior do que possa carregar...

"Passei fome, passei frio... Em Pedro Leopoldo sempre fez muito frio, ventava muito... A nossa casa não era forrada... às vezes, a gente não tinha o que comer, era somente uma panela no fogão. Mas ninguém em casa morreu por causa das privações que passávamos. A gente comia só arroz e chuchu. De vez em quando uma mandioca ou ovo, carne era muito difícil... Caso tivéssemos tido muita comida em casa, eu iria me empanturrar, pois sempre gostei de comer.

Como seria capaz de dar comunicações de espíritos com a minha barriga cheia, se me sobravam somente os horários do almoço para escrever? Penso que tudo o que passei na vida tinha uma razão de ser, o meio aparentemente adverso em que renasci foi-me de grande valia para cumprir minha missão. Agradeço todas as dificuldades que enfrentei; não fosse por elas, eu não teria saído do lugar... As facilidades nos impedem de caminhar. Mesmo as críticas nos auxiliam muito."

Seja tolerante

"Não exijas dos outros qualidades que ainda não possuem. A árvore nascente aguarda-te a bondade e a tolerância para que te possa ofertar os próprios frutos em tempo certo."

Não julgue o outro pelo que tem, mas pelo o que é

"Ninguém quer saber o que fomos, o que possuíamos, que cargo ocupávamos no mundo; o que conta é a luz que cada um já tenha conseguido fazer brilhar em si mesmo."

Não se deixe envaidecer pelos elogios

"Sempre recebi os elogios como incentivos dos amigos para que eu venha a ser o que tenho consciência de que ainda não sou."

Não deixe para a amanhã o que pode fazer hoje

"A gente deve lutar contra o comodismo e a ociosidade; caso contrário, vamos retornar ao mundo espiritual com enorme sensação de vazio. Dizem que eu tenho feito muito, mas, para mim, não fiz um décimo do que deveria ter feito."

A vida é curta demais para comodismo e reclamação

"A questão mais aflitiva para o espírito no além é a consciência do tempo perdido."

Auxilie sempre

"A felicidade real começa em fazer a felicidade dos outros."

Cuide sempre de decidir o melhor

"A vida é sempre o resultado de nossa própria escolha."

Não se julgue tanto

"Quem se aceita como é, doando de si à vida o melhor que tem, caminha mais facilmente para ser feliz como espera ser."

Perdoe sempre

"A melhor maneira de aprender a desculpar os erros alheios é reconhecer que também somos humanos, capazes de errar talvez ainda mais desastradamente que os outros."

Aproveite o dia

"Cada dia que amanhece assemelha-se a uma página em branco, na qual gravamos os nossos pensamentos, ações e atitudes. Na essência, cada dia é a preparação de nosso próprio amanhã."

Busque a cura para a depressão

"Depressão? Alma querida, se tens apenas tristeza, se te sentes indefesa, contra mágoa e dissabor, sai de ti mesma e auxilia aos que mais sofrem na estrada. A depressão é curada pelo trabalho de amor."

Auxilie sempre o próximo

"Nunca somos tão pobres de bens materiais e espirituais que não possamos doar alguma coisa ao companheiro necessitado, seja o pão ou a palavra de consolo e solidariedade."

Assuma o controle da sua vida

"Berço e túmulo são simples marcos de uma condição para a outra. Somos responsáveis por nossa tragédia e por nossa glória."

A chave da felicidade está em suas mãos

"Muitos ficam na expectativa do socorro do Alto, mas não querem nada com o esforço de renovação; querem que os espíritos se intrometam na sua vida e resolvam seus problemas."

Auxilie sem desculpas

"Nenhuma atividade no bem é insignificante. As mais altas árvores são oriundas de minúsculas sementes."

Não deixe de acreditar

"Quem perdeu a própria fé nada mais tem a perder."

Acredite sempre

"Sem Deus no coração, as futuras gerações colocarão em risco a vida no planeta. Por maior que seja o avanço tecnológico da humanidade, impossível que o homem viva em paz sem que a ideia de Deus o inspire em suas decisões."

Não julgue

"Uma das mais belas lições que tenho aprendido com o sofrimento: não julgar, definitivamente não julgar quem quer que seja."

Busque ser exemplo

"O exemplo é uma força que repercute de maneira imediata, longe ou perto de nós. Não podemos nos responsabilizar pelo que os outros fazem de suas vidas; cada qual é livre para fazer o que quer de si mesmo, mas não podemos negar que nossas atitudes inspiram atitudes, seja no bem quanto no mal."

Deus está no comando

"Na realidade, toda doença no corpo é processo de cura para a alma."

Ajude sem olhar a quem

"O bem que praticares em qualquer lugar é seu advogado em toda a parte."

Não deixe que a opinião do outro te desanime

"A crítica dos outros só poderá trazer-lhe prejuízo se você consentir."

Aproveite cada minuto

"A hora que passa é preciosa demais para que lhe percamos a grandeza."

Ame incondicionalmente

"O Cristo não pediu muita coisa, não exigiu que as pessoas escalassem o Everest ou fizessem grandes sacrifícios. Ele só pediu que amássemos uns aos outros."

Não deixe que o pensamento do outro te prejudique

"A serenidade e o apreço para com os inimigos são os melhores antídotos para que as preocupações com eles não nos destruam."

Persevere sempre

"A tarefa parece fracassar? Siga adiante, trabalhando, que, muitas vezes é necessário sofrer, a fim de que Deus nos atenda à renovação."

Nenhuma prática do bem é perdida

"Toda migalha de amor está registrada na Lei, em favor de quem a emite."

Não inveje o outro

"Aceita-te como és e aceita a vida em que deves estar, na condição em que te vês, a fim de que faças em ti o burilamento possível."

Não queira vingança

"Alma corajosa não é aquela que se dispõe a revidar o golpe recebido e sim aquela que sabe desculpar e esquecer."

Tudo passa

"Ante as crises da vida. Não te revoltes. Serve."

Ajude sempre sem olhar a quem

"Auxilia aos outros, tanto quanto puderes. Cada pessoa que hoje te encontra talvez seja amanhã a chave de que necessitas para a solução de numerosos problemas."

Seja você mesmo

"Você nem sempre terás o que desejas, mas enquanto estiveres ajudando os outros encontrarás os recursos que precisa."

Vigie os pensamentos

"Cada criatura constrói na própria mente e no próprio coração o paraíso que a erguerá ao nível sublime da perfeita alegria, ou o inferno que a rebaixará aos mais escuros antros de sofrimento."

Sempre se coloque na posição do outro

"Colocar-te-ás na posição dos que sofrem, a fim de que faças por eles tudo aquilo que te desejarias se te fizesse nas mesmas circunstâncias."

Busque a paz

"Compreendamos que unicamente cooperando na paz dos outros é que o concurso da paz virá ao nosso encontro."

Se a vida te colocar obstáculos, prossiga na caminhada

"Compreender constantemente. Trabalhar sempre. Descansar, quando se mostre necessária a pausa de refazimento. Parar nunca."

Mantenha o bom humor

"Ouve os que te buscam a presença ou palavra, com bondade e simpatia."

A chave de tudo está dentro de você

"Dentro da visão espírita-cristã, céu, inferno e purgatório começam dentro de nós mesmos. A alegria do bem praticado é o alicerce do céu. A má intenção já é um piso para o purgatório e o mal devidamente efetuado, positivado, já é o remorso que é o princípio do inferno."

Não se desespere

"Dificuldades que te surpreendam são os testes aconselháveis em que te cabe encontrar aproveitamento."

Viva o hoje

"Esquece injúrias e ofensas. Não lastimes o passado. Não censures a ninguém. Segue sempre para diante e não temas. Deus vigia."

Pense antes de falar

"Examina o sentido, o modo e a direção de tuas palavras, antes de pronunciá-las."

Faça o melhor possível

"Não exija perfeição nos outros e nem mesmo em você, mas procure melhorar-se quanto possível."

Seja responsável

"Não nos esqueçamos de que o filho descuidado, ocioso ou perverso é o pai inconsciente de amanhã e o homem inferior que não fruirá a felicidade doméstica."

O sucesso depende do seu esforço

"Não se esqueças de que casar é tarefa para todos os dias, porquanto somente da comunhão espiritual gradativa e profunda é que surgirá a integração dos cônjuges."

A hora de mudar é agora

"Cada hora na vida é recurso potencial para a criação de novos destinos."

Não meça sua evolução pelas conquistas materiais

"Na vida, não vale o que temos nem tanto importa o que somos. Vale o que realizamos com aquilo que possuímos e, acima de tudo, importa o que fazemos de nós."

Tudo é oportunidade

"O seu pior momento na vida é sempre o instante de melhorar."

Você é responsável por sua felicidade

"Recorda: felicidade é uma construção a fazer. O alicerce está em ti mesmo."

Faça o seu melhor

"Podes contar com Deus na solução de todos os teus problemas, entretanto, não te esqueças de que Deus conta contigo em todos os teus caminhos."

O autor

Luis Eduardo de Souza é jornalista, espírita e autor dos livros *O Homem que Falava com Espíritos*, *Desvendando o Nosso Lar*, *A Fascinante História de Chico Xavier* e *Desvendando o Espiritismo*. É também administrador da página Conheça o Espiritismo (www.facebook.com/ConhecaOEspiritismo) em que escreve sobre o Espiritismo e em que traz suas mensagens de conforto e esperança.